Joseph

Spielen

Seyyed Ali Mohammad Razavi Tusi

Ein iranischer Autor, dessen Bücher in der Welt veröffentlicht wurden.

Er schreibt im Alter von 15 Jahren. Er verfügt jetzt über mehr als ein Jahrzehnt Erfahrung

Einführung

70Jahre nach dem Ende des Zweiten
Weltkriegs sind die Erinnerungen an diese
Jahre besonders schmerzhaft für die
Überlebenden eines der größten Kriege des 20.
Jahrhunderts. Eines der Ereignisse in diesem
Krieg war der Bombenanschlag auf die

Industriestadt Dresden in den letzten Monaten des Zweiten Weltkriegs.

Zwischen dem 13. und 15. Februar 1945 brachen britische und amerikanische Militärbomber mehrere Tausend Tonnen Spreng- und Feuerbomben über der Stadt ein. Bei der Operation, die zur Zerstörung der Stadt führte, lösten mehr als 1.000 Bomber 4.000 Bomben über die Stadt und ihre Bewohner.

Nora hatte keine dreizehn Jahre Bombenangriff und lebte mit seinen Eltern und zwei Brüdern in Dresden. Einer seiner Überlebenden war der Bombenanschlag auf die Stadt Dresden, Nora. Er hat seltsamerweise überlebt.

Die dreiundachtzigjährige Nora sagt über die Bombenangriffe: "Die Bomben fielen laut und laut. Jedes Mal, wenn ein Stück Kohle oder eine Kartoffel zu Boden fiel, wiederholte sich dieses Geräusch in meinem Kopf. Damals diese Töne wurden uns bekannt.

Noras Familie überlebte die Bombenangriffe. Zwischen den ersten und zweiten Bombardements, während Noras Eltern und ihr Bruder die notwendige Ausrüstung zusammenstellten, zogen sie und ihr jüngerer Bruder in den Keller des Nachbarn, um sicher zu gehen. Er sagt, das Überleben aller Familienmitglieder sei dank des benachbarten Kellers eine große Chance.

Nora sagt, das Überleben der gesamten Familie sei ein gutes Ende für diese schrecklichen Bombenanschläge gewesen und sollte nicht ausschreien, sie auswendig zu lernen, aber ihre Gefühle nicht stoppen.

Bei diesem Bombenangriff wurde die als "Florenz an der Großen Elbe" bekannte sächsische Landeshauptstadt Dresden vollständig zerstört und zahlreiche Zivilisten getötet. Die Zahl der zivilen Todesfälle wird auf 12.000 bis 40.000 geschätzt, von denen viele, wie Kurt Vonnegut, der die Bombenangriffe in Dresden genau beobachtet, die Zahl der Todesopfer im Buch Nr. 54 von 134.000 angegeben haben. Ein Bericht der US Air Force aus dem Jahr 1953 begründete die Operation als explodierte Bombardierung eines militärischen und industriellen Ziels von 110 Fabriken und 50.000 Arbeitern zur Unterstützung deutscher Militäraktionen. Trotzdem haben zahlreiche Wissenschaftler argumentiert, dass Telekommunikationsinfrastruktur, Brücken und ausgedehnte Industriegebiete außerhalb der Stadt nicht vollständig ins Visier genommen wurden. Es wurde argumentiert, Dresden sei ein bedeutendes historisches und kulturelles Zentrum ohne militärische oder militärische Bedeutung und die Bombardierung der Gebiete ohne Unterscheidung zwischen militärischer oder nichtmilitärischer Natur. Ich bin jedes Mal verwundet, wenn ich Menschen am Boden töte. Es gibt viele Läsionen, die nicht geschüttelt werden können. Ich glaube nicht, dass diese Wunden für immer aus der menschlichen Existenz ausgelöscht werden und sie werden nicht behandelt. Anstelle von Krieg müssen die Länder über zunehmende Fortschritte nachdenken. In Wissenschaft, Kultur und Literatur zu besitzen. Die Welt ist merkwürdig geworden.

Ich habe immer versucht, Theaterstücke und Drehbücher aus den Ereignissen und Anliegen meines Lebens zu schreiben und zu dirigieren. Wir Künstler sind alles Berge von Schmerz, die wir mit einiger Wirkung lindern können. Josephs Shows sind die kalten Tage des Sommers und die unbedeutenden Albträume des Krieges. Ich hoffe, dass einige meiner Wunden mit diesen Shows langsamer werden. Drei Stücke mit dem Titel Joseph sind die kalten Tage des Sommers, die Halbtages-Albträume des Krieges siegen, wo Josephs Spiel das erste dieser drei ist.

(Kommt hell, Joseph fällt in eine Ecke und beruhigt sich, sieht überrascht aus, schreit Geräusche aus der Ferne und Geräusche kommen näher)

Joseph:

Gott rette unseren gnädigen König!

Es lebe unser edler König!

Gott schütze den König

Schick ihm Victoria

Glücklich und herrlich

Lang über uns zu reginieren

Gott schütze den König

Ich habe heute Morgen aus dem Gefängnis entlassen. Ich hatte die Menschen lange nicht gesehen. Ich hatte alles lange vergessen. Um sechs Uhr morgens öffneten sie die große Tür des verdammten Gefängnisses, das in einer großen Wüste endete. Ich hörte eine Freiheitsstimme. Ich kam raus und schaue ihn / sie an. Ich weiß nichts und sagte all diese Dinge heute morgen um 6 Uhr morgens.

Gott rette unseren gnädigen König!

Es lebe unser edler König!

Ich weiß nicht, was mache ich hier, wo ist dieser Ort? Werden Sie nicht müde?! Warum hörst du nicht auf? Warum hast du mich hier gefangen? Warum lässt du mich nicht in Ruhe? lass mich bitte atmen.

Meine Ohren arbeiten nicht mehr so gut wie früher. Ich muss mich gut konzentrieren, bis ich meine Stimme hören kann. Die Welt der Stille ist eine fremde Welt. Wenn du gehst und nichts hörst, fühlst du dich in einer Höhle und innerhalb dieser Aufhebung zerstörst du. Meine Augen sehen nicht mehr so gut wie früher. Die Welt hat ihre Farbe verloren und existiert nicht außer Schwarz und Weiß. Ich sehe die Menschen wie ein Zebra, das als nächstes zusammen lebt ...

Das Zebra, das nur für sich selbst wichtig ist. Das Zebra, das nur alleine lebt. Alle Zebras, die die Menschheit nicht verstehen. verdammt noch mal. Was sage ich? Wo ist dieser Ort wirklich? Andere sagen mir, dass ich Delirium sage. Mir wurde ein Papier zum Schreiben gegeben. Was sollte ich schreiben? Bin ich Schriftsteller? Warum verstehst du nicht?

Warum verstehst du nicht, dass ich kein Schriftsteller bin? Was sollte ich schreiben?!

Jeder hat einen Profi, der Ziele für sich hat, jeder hat einen Lebensplan. Warum verstehst du das nicht? Holen Sie sich all diese Wörter zusammen in Ihren Geist einbetten. Ich bin ein Pilot. Ein einfacher Pilot. Was mache ich hier? Ich muss jetzt am Himmel sein. Ich muss jetzt hoch sein und auf den Boden schauen. Ich möchte weg, weit weg. Ich möchte, dass die Erde für mich ein Punkt ist. Ich möchte diesen Punkt betrachten ...

Ich wurde müde. Warum nicht raus? Ich weiß nicht, was ich tue, aber sie hat heute morgen um 6 Uhr all diese Dinge gesagt. Sie sagte mir, dass ich Pilot bin ... also, ich bin sicher ... Oh, haben Sie jemals einen Piloten in der Nähe gesehen? Haben Sie schon einmal mit einem

Piloten gesprochen? Sag mir, wie ist ein Pilot? Das ist es?! Wie ich? Ich vermasselte.

Sie sah mich an, Lippen. Ich habe ihre Stimme nicht gehört. Ich könnte Lippen synchronisieren. Ich sah ihr Gesicht, das mich anstarrte. Ich sah sie an. Ich habe nichts von ihr gehört. Ich wollte nicht hören Was ist mir wichtig? Sie sagte zu mir, deine Flugflügel sind ich. Sie sagte, du bist auch wie vorher perfekt. Sie wollen nur zwei Flügel zum Fliegen in den Himmel. Sie erzählte, ich bin derselbe wie die ehemalige Person. Oder sagte nicht, ich erinnere mich nicht. Aber sie sagte, ich bin auch der gleiche verrückte Mann. Aber ich bin nicht verrückt. Ich wurde müde.

Ich möchte freigeben ... Ich möchte nicht hier sein. Was machst du mit mir? Warum gehst du nicht? Warum hörst du nicht damit auf?

Warum beenden Sie dieses schmutzige Spiel nicht? Schau dich an. Sie sollten auf der Vorderseite eines stabilen, stabilen Spiegels stehen. Schau dich an, dein ganzes Leben ist Scheiße. Warum hörst du nicht damit auf? Ich bin müde geworden.

(Joseph legt sich langsam auf den Boden und schließt die Augen)

Ich schließe meine Augen; Meine Ohren funktionieren nicht so gut wie vorher. Ich schaue mich nicht gerne an ...

1939 Der verdammte Krieg begann. Ich war damals nur ein kleiner Junge. Ein Junge, der gerade selbst Berufspilot geworden ist. Ich weiß, was du über mich denkst ... Ich habe bald Fortschritte gemacht. Ich wurde ein berühmter Pilot. Die Leute kannten mich. Der Pilot Nummer eins ... Die britische Geschichte hatte bis dahin noch nie einen solchen Piloten gesehen. Als ich aufgestanden bin, müssen Sie mich und mein erstaunliches Flugzeugrollen beobachtet haben. Alle konzentrierten sich auf mich und meinen Flug. Alle alten Piloten, die am Boden lagen, möchten für einen Moment an meiner Stelle sein ... Ich war müde. Ich wurde müde...

(Steht auf und geht zum Tisch)

1939 Der Krieg begann. An diesem Tag war alles unrealistisch. Ich weiß nicht wer ich war wo und was habe ich gemacht? Als ich zu Hause ankam, lag mein Vorladungsschreiben auf dem Tisch. Morgen stellte ich mich der königlichen Luftwaffe vor, als die Sonne gerade aufging. Von diesem Tag an haben wir getan. Ich hatte Angst. Ich war nur ein kleiner Junge.

Ich hatte keinen Krieg gesehen. Nach ein paar Tagen war ich ein merkwürdiger Junge ...

Für mich sah es nach einem Spiel aus. Ich habe dieses Spiel so geliebt. Ich mag ein Spiel, das ich so sehr geliebt habe. Als ich mich in der Nähe von deutschem Territorium befand, hatte ich ein gutes Gefühl. Ich wünschte, ich hätte stattdessen eine der Bomben auf die Stadt fallen lassen und eine Bombe auf Hitlers Kopf gesprengt. Ich wurde müde ... ich wurde müde.

Gott schütze unseren gnädigen König!

Es lebe unser edler König!

Gott schütze den König

Schick ihm Victoria

Glücklich und herrlich

Lang über uns zu reginieren

Gott schütze den König

Ich ging durch die Gassen Großbritanniens und suchte nach einem warmen und frischen Getränk. Ich ging in einen Café-Laden. Die Tür des Café-Ladens wurde geöffnet und nichts wurde gesehen. Überall war es dunkel. Ich betrat. Ich sah alle Tische und Stühle an. Fast alle Plätze waren voll. Es war eine sehr merkwürdige Frau am Ecktisch. Ich musste mich neben ihren Platz setzen. Ich entschuldige mich für sie und sitze dort. Sie akzeptierte mich mit Vergnügen ... ich wurde müde. Ich wurde müde ...

Ich hatte keine gute Kindheit. Als ich fünf Jahre alt war, verließ mich mein Vater. Ein paar Jahre später hörte ich die Nachricht von seinem Tod. Er warf sich auf die Eisenbahnschienen. Ich war nicht traurig über ihren Tod. Ich bin auch nicht glücklich. Ich hatte keinen sinn Er hat gerade seinen Vater angerufen. Ich hatte kein Interesse an ihm. Als ich zehn Jahre alt war, heiratete meine Mutter einen deutschen Mann. Ich hatte fast keinen Platz mehr in diesem Haus. Sogar meine Mutter wollte nicht, dass ich dort bleibe. Was soll ich machen? Nichts. Nichts? Nichts. ... Ich wurde müde. Ich wurde müde ...

6 Uhr morgens anders mit einem anderen Morgen. Sie sah mich auch an. Ich weiß nicht, was in ihrem Kopf passiert ist. Sie sah mich nur an. Ihr Gesicht war zu meinen Ohren geschlossen, ich hörte sie nicht, aber als ob sie schreien würde. Sie sagte mir, dass es mir gut gehen wird. Alles wird stimmen. Alles geht auf die ersten Tage zurück. Mach dir keine Sorgen, ich war neben dir und ich bin neben dir und ich

werde neben dir sein. Aber sie wusste nicht, ich war müde ... ich wurde müde

Ein alter Mann lebte in meiner Nähe. Ich weiß nicht, wie alt er war. Ein alter Mann, der sehr gebogen war. Dieser alte Mann hatte mich als Vormund akzeptiert. Er hat mich in einer Schule in meiner Nähe angemeldet. Ich und er gingen jeden Morgen zur Schule. Meine Klassenkameraden schämen mich. Nicht, weil ich keinen Elternteil hatte, nicht weil ich keine Familie hatte, nur weil der alte Mann nicht genug Geld hatte, um zu leben, und ich war Overhead von ihm. Wenn ich jetzt darüber nachdenke, lache ich, dass ein kleiner Junge an Geld denkt ... Hast du jemals an Overhead gedacht? Fühlen Sie sich als tot und Sie werden niemals dort sein? Ich wurde müde ... ich wurde müde.

Fast war ich ein wichtiges Element bei allen Bombenmissionen und wurde mit jedem Tag populärer. Ich war nie ein Mörder, aber ich musste es tun, weil das ein Krieg war. Der Krieg kümmert sich nicht um alte und junge Leute oder um Mädchen und Jungen, den schmutzigen Krieg. Ich war nie ein Mörder, aber ich musste tote Bomben auf die Menschen des Lebens werfen. Ich musste sie töten. (Wütend) Ich war nie ein Mörder. Ich wurde müde ... warum dieses Spiel nicht vorbei ist. Was ist mein Schicksal? Warum nicht aufhören? Ich wurde müde ... ich wurde müde.

Ich bestellte einen Kaffee, einen sehr dunklen Kaffee. Sie war mit der Arbeit beschäftigt. Ich trinke meinen Kaffee. Es war sehr dunkel, bis ich vorher keinen Kaffee getrunken hatte. Ich war ein paar Stunden im Café-Laden. Ich mochte sie, sie war ein fremdes Mädchen. Wir haben miteinander geredet. Wir plauderten und tranken Kaffee. Sie wollte mir helfen. Ich wurde müde. Ich wurde müde.

Ich bin aus der Schule gegangen. Der alte Mann stand vor der Schultür. Er hat mich sehr interessiert. Er hatte nie ein Kind. Aber er mochte mich auch seinen Sohn. als ob ich von seiner Familie wäre. Wir gingen nach Hause; Ich habe auf ihn geschaut. Er war krank, ich habe, dass er gegangen sein wird. Ich habe nichts getan. Was könnte ich tuen? Aber ich war müde von allem. Ich wurde müde ... ich wurde müde.

Ich sah mir die Zeitung und den Stift an. Als ob ich jetzt einige Dinge schreiben müsste. Als müsste ich so tun, als wäre ich ein dummer Schriftsteller. Ein verrückter Schriftsteller. Ein Schriftsteller mit von ihnen vordefinierten Wörtern. Ich werde weißes Papier bekommen. Alles war weiß ... sie haben es nicht verstanden. Sie bestellen mir das zu schreiben. Ich wusste nicht, was ich schreiben sollte. Was sollte ich schreiben? Jeden Tag waren so viele Leute mit seltsamen Klamotten um mich herum. Ich weiß nicht, dass sie mir helfen oder belästigen werden. Sie werden mir wie eine Schwester übergeben. Sie sind wie ein medizinisches Team, das hilft, wer ein guter Mensch sein will. Ich weiß nicht, was ich sage. Ich weiß nichts Ich wurde müde ... ich wurde müde.

Bis zu diesem Tag war alles in Ordnung. Eine Nachricht ist vom Hauptkommando eingetroffen. Der General hat alle älteren Piloten versammelt, um zu sprechen. Wir trafen uns am festgesetzten Tag und zu einer bestimmten Zeit an einem bestimmten Ort ... wir waren alle bereit, damit der General beginnen konnte. Ich wollte nur mit dem General sprechen. Ich sage, ich bin müde ... ich wurde müde.

Wir kamen aus dem Café-Laden. Wir gingen weiter. Sie erzählte mir, dass wir heute Nacht in den britischen Straßen spazieren gehen würden. Bis zum Morgen waren wir überall und sprachen über unser Leben. Ich wollte nicht, dass diese Nacht zu Ende geht, als ich in den Himmel schaute und ein Sonnenlicht sah, fürchtete ich mich ...

Im Pass sagen andere zu mir, wen ich ungeduldig bin, ich bin eine verrückte Person, ich bin eine abgeschiedene Person ... sie sagt, niemand kann bei dir bleiben. Aber ich habe mich in dieser Nacht verliebt ... was ist Liebe?! Ich wurde müde ... ich wurde müde.

Ich fand, dass der alte Mann verschwunden sein würde, er konnte nicht einmal laufen. Ich sollte es jeden Tag tragen. Ich war fünfzehn Ich sollte ihn interessieren. Ich sollte ihm helfen. Als ich helfen musste, nahm er meine Hand und machte mich größer ... sein Körper wurde kühler. Ich fühlte die Kälte seines Körpers. Ich fühle mich von Anfang an so kalt. Es ist eine seltsame Sache. Kleiderhitze macht nichts ... mir ist kalt. Hilfe (Pause) eine Nacht, wenn das Wetter sehr kalt war. Eines Nachts war es so cool, dass die Heizungen im Haus des alten Mannes nicht mit der Kälte auskamen. Eine schreiende Stimme kam heraus. Ich wache auf und bin aufgestanden. Ich ging zum Kühlschrank und trank Wasser. Als ich zurück ins Zimmer kam. Ich sah den alten Mann, der weiß war mit seiner ganzen Haut. Ich ging neben ihn und setzte mich. Ich habe ihn pulsiert. Sein Körper war gefroren. Als ob er ein paar Stunden gegangen wäre. Ich habe meinen Kopf auf die Brust gelegt und lag bis zum Morgen da. Ich erinnere mich an nichts. Nur der Sirenenklang dieses verdammten Krankenwagens ist in meinem Kopf und wird nicht gelöscht. Ich wurde müde ... ich wurde müde.

General kam wie üblich mit seiner Defensivmannschaft endlich an. Er hat Verspätung. begann zu reden. Dieser Tag wurde immer ernster, nervöser und entscheidender. Ich fand es komisch. 1945 war ein Flüstern des Weltfriedens. Das erste Gespräch wurde für den Frieden geführt. Ich weiß nicht, warum ich so wütend bin. Er setzte seine Worte sehr ernst fort. sehr ernst. Ich sah mich an. Wie viele meiner Freunde wurden in diesen Jahren getötet? Eine Reihe neuer Leute um mich herum, die ich nicht kannte. Ich war sehr fremd. Ich wurde müde ... ich wurde müde.

Ich bin schnell zu ihm nach Hause gekommen. In dieser Nacht konnte sie nicht schlafen, als ich ihr sagte, sie solle in den Krieg ziehen und sich vorstellen, schlief er erst morgens. Sie saß hinter dem Fenster und schaute auf die Straße. Ich habe mit ihr geredet. Ich versuchte sie zu beruhigen, war aber nutzlos. Sie war sehr aufgeregt. Sie sagte mir, wenn Sie mich verlassen, werde ich mich umbringen. sie sagte, wenn du mich verlässt, werde ich zerstören ... aber ich habe ihn verlassen. Ich hätte mich der britischen Armee vorstellen sollen. Ich erreichte diesen Ort um 6 Uhr morgens. Ich wurde müde ... ich wurde müde.

Der Klang von diesen sind Sirenen in meinem Kopf. Ich werde niemals aus meinem Kopf gelöscht. Ich sah die Jungs zu ihm nach Hause gehen. Andere sagen, dass die Jungs er Kind waren, aber er hatte keine Kinder. Ich weiß nicht, wie sie die toten Nachrichten des alten Mannes verstehen. Als sie zu Hause ankamen, begannen sie zu schreien und zu schreien, was ich nie verstand. Der alte Mann sagte mir, er habe keine Kinder. Der alte Mann erzählte mir, dass er gerade geheiratet hatte, wen er von seiner Frau getrennt hatte. Ich weiß nicht, wo sie gefunden wurden, um alles zu plündern. Ich habe diesen Ort für immer verlassen und wollte nicht wiederkommen. Ich wurde müde ... ich wurde müde.

Nach sechs Jahren des Krieges, als wir alle müde waren, wünschten wir uns, dass Frieden herrschen wird, wenn wir nach Hause und in unser Leben zurückkehren. Ich dachte an diesem Tag, als wir an diesem wichtigen Treffen ankamen, der General möchte sich wahrscheinlich bei uns bedanken, aber das Spiel ging vollständig zurück und alles änderte sich. Wir sind in eine neue Phase unseres Lebens eingetreten. An diesem Tag, sagte General, sollten wir bereit sein, Dresden in den nächsten Tagen anzugreifen. Der allgemeine Diskurs war seltsam. Ich weiß nicht, warum Dresden zum Angriff gewählt hat. Ich weiß nur, dass die ganze Familie der Soldaten in Dresden

Zuflucht hat. Ich weiß nur, dass sie keine Waffen haben, um sich zu verteidigen. Ich weiß nur, Dresden zu zerstören, das heißt gemein, Deutschland zu zerstören. Alle sind dumm, aber ich bin nicht glücklich, so viele unschuldige Menschen zu sterben, die sich nicht einmal in den Krieg eingemischt haben. Ich bin kein Mörder. Was? Warum schaust du mich so an? Hast du gedacht, du stehst ein Mörder auf deinem Gesicht? Dachten Sie, ich verstehe das nicht? Ich bin kein Mörder (schreit) Ich bin kein Mörder ... Ein paar Jahre später hörte ich, dass die Nazis meine Mutter abschlachten ... zuerst wurde ich wütend. Aber dann interessierte mich das nicht. Ich hatte gelernt, selbstsüchtig zu sein. Ich wurde müde ... ich wurde müde.

Eines Tages spazierten wir in den Gassen der Briten. Ich habe meine Erinnerungen überprüft. Ich habe alles für sie definiert. Wir gingen vom Haus des alten Mannes weg. Der arme alte Mann hatte ein hartes Leben. Er war alleine. Als er starb, erwischt seine Familie sein Eigentum. Obwohl der alte Mann nichts hatte. Als wir sein Haus anschauten, sahen wir sogar, dass die Türen und Fenster des Hauses zwischengespeichert und gestohlen wurden. Es war nur ein leeres Zuhause.

Ich weiß nicht, wer ich bin, was ich mache und was ich tat. sagte sie heute morgen in meinem Ohr ... sie nahm mir ein Stück Papier. Sie hat mir gesagt, das ist deine Identität. Sie sagte mir, Sie heißen Joseph, der arme Joseph. Sie sagte mir, dass ich dich nie verlasse. Sie sagte mir, dass sie 16 Jahre auf mich wartete. Ich weiß nicht, warum es 16 Jahre war, aber sie hat auf mich gewartet. Ich bin ein starker Mann. Sie sagte mir, je früher wir ins Krankenhaus gingen, um mein Blut zu wechseln. Sie hat mir gesagt, dass du dein schmutziges Blut austauschen sollst. Sie sagte, alles hängt von unseren 18 und 19 Jahren ab. Sie sagt, mach dir keine Sorgen ... armer Joseph. Wo ist sie jetzt? Kann sie meine Zerstörung ansehen? Kann sie Platz nehmen und nicht wissen, was los ist? Joseph ist müde ... ich wurde müde.

General sagte, jeder, der diese Mission erfüllen will, bleibt und andere gehen in das Freiheitsleben. General sprach von Demokratie. Allgemein nehmen Sie uns eine Wahl. Er sagte die Wahl mit sich selbst. Er sagte, die Leute, die bereit sind, die Stadt

Dresden zu bombardieren, bleiben, und die Leute, die kein Gewissen haben, gehen nach Hause, sie sind Freiheit. Ich bin zur Endlinie der Piloten angekommen. Ich wollte aus dieser Linie fliehen ... der General sagte richtig. Vielleicht war ich ein Feigling, vielleicht war ich kein Krieger, vielleicht war ich kein Soldat. Ich kann die Stadt nicht sehen, in der viele Menschen getötet werden. Also, was wäre mein Gewissen? Das ist richtig, sie sind Nazis. Das ist richtig, sie töten so viele Juden, aber mein Gewissen war nicht zufrieden damit, dass unschuldige Menschen getötet würden. Ich habe diesen Ort verlassen und bin nicht zurückgekommen. Ich wurde müde ... Ich wurde müde ...

Ich schaue auf meinen Ausweis. Nach diesem Personalausweis bin ich fünfunddreißig Jahre alt. Der Krieg ist vorbei? Haben wir gewonnen? Ich war in den Krieg, als ich ein zwanzigjähriger Junge war, der nur ein Teenager war. Ich habe sechs Jahre lang Missionen zum Erfolg geführt. Unbekannt sind diese zehn Jahre. Wo bin ich für die zehn Jahre? Sie packte ihren Kopf an meiner Schulter und starrte zu weinen. Sie sagte, ich habe mich sehr verändert. Sie sagte: "Ich bin nicht vor einer Person. Sie sagte, ich bin eine zerstörte Person. Mir wurde ein Papier zum Schreiben gegeben. Als ob sie verstanden hätten, dass ich kein Schriftsteller bin. Ich bin ein Pilot. Ich muss fliegen. Was mache ich?" auf dem Boden machen - die dummen Jungs zerstören mich.

Ich bin kaputt. Als ich an diesem Tag vor dem General und seinen Missionen davonlief, haben sie mich gefangen und eingesperrt. Ich habe keine Ahnung, was ich sage, aber sie hat mir am Morgen alles erzählt. Sie sagte mir, ich sei verrückt. Sie sagten, ich hätte meine Berühmtheiten verloren. Sie sagten, weil ich so hoch war, dass es nicht intelligent wäre. Aber ich war nicht verrückt. Ich war gesünder als sie. aber sie erzählte mir am morgen alles. ... sagte, mach dir um nichts Sorgen. Sie sagte, fürchte dich nicht, es wird endlich alles gut und wir sind wieder zu Hause. Sie sagte mir, dass ich den Verstand verliere, als ich zehn Jahre im Asyl war. Sie sagte mir, ich bin verrückt nach Drogen und ich benutze keine Zigarette in meinem Leben ... Was soll ich tun? Soll ich auf die unschuldigen Leute fliegen? Soll ich jeden töten? Sollte ich diese Stadt zerstört haben? Wo haben diese Piloten das gemacht? Können sie bequem leben? Können sie irgendwo auf dieser Welt schön leben? Können sie die

Vergangenheit vergessen? Sie sind ein schmutziges Schwein, das die Menschheit nicht verstehen kann. Aber das nannte sich Krieg. du tötest Leute und Leute töten dich. Ohne Prinzipien. Niemand kennt die Prinzipien und Regeln. Außer Landesführern ...

Wer sind die Leute, die meine Fans sind? Wo ist der General, der mich verehrt? Warum bin ich vergessen? Dies ist nicht das Leben ... Sie hat mir heute morgen alles erzählt. Sie sagte, nach zehn Jahren, als ich heute Morgen in der Anstalt war, entließ ich mich. Sie sagte, dass schlechte Tage beendet werden. Zu sagen, alles wird gut. Sie sagte, ich liebe dich ... Ich habe keine Ahnung, wer sie war und was sie war. Ich verstand nichts von ihrem Reden. Nichts. Ich sah sie an, als sie mich ansah. ihr Gesicht war mir nicht vertraut. Sie hatte ein komisches Gesicht. Als ob sie schlechte Jahre hätte. Ich habe keine Ahnung, wer sie war, aber sie war eine starke Frau. Sie war im Gefängnis. Sie sagte, sie seien eingesperrt worden. Sie hatte kein Geld zu leben. Sie musste stehlen, sie musste für sein Leben ein bisschen Essen gestohlen haben, sie wurde wegen des Diebstahls von Kartoffeln eingesperrt. Sie war im Gefängnis schwanger ... Ich bin in den Krieg gegangen, weil Leute wie sie ein schönes Leben haben ... Ich habe keine Ahnung, warum Großbritannien Menschen tötet. Ich liege falsch. ... Was sage ich? Wo ist es hier Wer bist du? Lass mich alleine. Was wirst du? Warum hörst du nicht auf? Ich wurde müde. Warum verstehst du nicht, wer ich Pilot bin? Ich bin kein Schriftsteller. Ich kann nicht schreiben ... Ich habe meine Freunde vor meinen Augen verloren. Sie wurden geschlachtet. warum ich nicht sterbe Warum bin ich nicht am Ende angekommen? Warum beenden Sie dieses schmutzige Spiel nicht? Ich habe keine Ahnung, was mir in diesen zehn Jahren passiert ist? Ich habe keine Ahnung, was mit mir zu tun ist? Ich weiß nur, dass ich mich an nichts erinnere. Nichts. Sie werfen mich wie einen Müll in einen Eimer. Sie hat mir an diesem Morgen alles erzählt. Warum bin ich Jude? Nazis, die das wirklich tun ?! Warum ist unsere Generation nicht ausgestorben, um eine komfortable Welt zu leben? Wir haben überall zerstört und wir haben uns überall aufgelöst ... Wir sind die Hauptursache unseres Krieges... manchmal denke ich nicht anders, wenn ich Nazi wäre. Länderführer Krieg ist das verlorene Spiel. Du bist ein Verlierer Endlich. Sie werden durch seine Gefühle für ihre Krone zu guten

Soldaten gemacht. Ich wurde müde ... ich wurde müde.

Sie war wie meine Frau. genau wie wen ich in diesem Raum getroffen habe. Heute morgen brachte sie mich in dieses Zimmer und sagte mir all das ... Ich sagte ihr, dass sie sich keine Sorgen machen muss. Ich sagte zu ihr, ich habe diese verdammte Droge aufgegeben, sagte ich zu ihr, ich stand wie ein Berg von hinten. Sie weinte mit Smile und legte seinen Kopf auf meine Schultern. Dieses Mädchen, das sie im Café-Laden getroffen hatte und meine Frau gewesen war, hatte sechzehn Jahre auf mich gewartet, jetzt bin ich zurückgekehrt und möchte leben, aber was immer ich auch denke, sie ist meiner Geliebten nicht ähnlich. wie gebrochen sie Nach sechzehn Jahren kam ich zurück und lebe und ich möchte leben ...

Einmal wünschte ich mir, sie würden mich erschießen, als ich General und Piloten verließ, obwohl ich diesen Tag nie gesehen hatte. Wie haben sie das mit uns gemacht? Wirklich, wie sollte es leben? Wirklich wie sollte es leben? Wenn die Welt im Krieg ertränkt und getötet wurde, wie sollte das Leben leben? Wirklich, wie sollte es leben?

Um 6 Uhr morgens legte sie ihren Kopf an meine Schulter. Sie sagte, ich wäre ihr Hintern, sagte sie: In der Welt habe ich nur dich und du bist meine Liebe ", sagte sie, dass ich auf 16 wartete Sie sagte, ich habe seit sechs Jahren im Himmel gekämpft, und ich war fünf Jahre im Asyl, sie hat gesagt, sie würden mich abreißen, ich habe den Ruhm des Vereinigten Königreichs gesagt, aber jetzt bin ich nichts. Sie heizt Juden, warum Sind wir in Großbritannien

geboren ... wie soll ich leben? (Denken)
Warum sterbe ich nicht? Warum haben sie
mich verletzt? Warum lassen sie mich nicht in
Ruhe? Warum haben sie das mit mir gemacht?
Ich wurde müde. Ich wurde müde ... warum
verstehe ich nicht, wen ich müde wurde

(legt sich langsam auf den Boden) Aber ich
werde leben. Ich werde wieder anfangen. Es ist
mir egal, was passiert ist, es ist wichtig, dass
ich wieder von vorne anfange ... Sie sagte, ich
sei stark, du bist ein starker Kerl für schlechte
Tage. Sie sagte, dass alles richtig sein würde.
Wir würden aus diesem verdammten Land
auswandern, dort bequem leben und Kinder
haben, und wir würden einfach leben ... wir
werden zusammen alt werden, älter als wir
(denken) Wo ist sie? Ich bin hier, sie hat diesen
Raum verlassen, ich habe sie am Morgen nicht

gesehen. Sie wird wiederkommen. Sie sagte, wir würden wieder anfangen, ein kleines Zuhause mieten und zusammen unter der Decke leben. Sie sagte, die britische Armee würde uns ein Zuhause und Geld zum Leben geben, und wir könnten es verkaufen und für immer hier lassen. Ich wurde müde... ich wurde müde...

Die britische Armee weiß, was ich 6 Jahre gedient habe. Armee wird mir helfen, da bin ich mir sicher. (Nachdenken) Ich bin um 6 Uhr morgens von der verdammten Anstalt befreit worden. Ich bin von der Tür gekommen. Ich sehe sie so allein an. Sie sagte meine Frau. Sie versuchte so zu meiner Freiheit ... Ich habe sie angesehen. Sie war kaputt, es schien, als wäre sie 20 Jahre älter als ich ... Ich habe keine Ahnung, wie man leben sollte!

Gott rette unseren gnädigen König!

Es lebe unser edler König!

Gott schütze den König

Schick ihm Victoria

Glücklich und herrlich

Lang über uns zu reginieren

Gott schütze den König

(Joseph nimmt seinen Spiegel in die Tasche
und schaut in den Spiegel. Das Licht geht.) Es
kommt

die schreienden Geräusche und Geräusche von
Hunden aus der Ferne)

2018

www.ingramcontent.com/pod-product-compliance
Lightning Source LLC
Chambersburg PA
CBHW030737180526
45157CB00008BA/3207